지은이 크리스틴 노드스트롬

초등학교 선생님이자 어린이 책 작가예요. 미국 캘리포니아주 사우전드오크스의 융합 인재 교육(STEAM) 초등학교 '라데라 스타 아카데미'에서 아이들을 가르치고 있어요. 크리스틴의 생체 모방 수업에서는 아이들이 밖으로 나가서 보이는 것을 스케치하고 질문을 던지며 자기만의 발명 아이디어를 떠올려요. 그런데 어느 날, 1학년 학생에게서 질문을 받고 일본의 신칸센 고속 열차를 설계한 나카츠 에이지에게 직접 문의를 했는데요. 세상에, 일본에 사는 나카츠 박사가 크리스틴의 학교로 찾아와 아이들의 질문에 하나하나 대답을 해 주었다고 해요! 크리스틴은 오늘도 어린이들의 상상력과 창의력을 깨우기 위해 온 열정을 쏟아붓고 있답니다.

그린이 폴 보스턴

영국의 시골 마을에서 자연에 둘러싸여 자랐어요. 폴은 주위에서 볼 수 있는 나비와 나방과 새들의 이름을 배우길 좋아했고, 딱정벌레와 씨앗, 조개껍데기를 본뜬 거대한 우주선을 즐겨 그렸어요. 지금은 사우스웨일스에서 살면서 어린이 책에 삽화를 그리고 있지요. 이 책을 작업한 뒤로 자신만의 초소형 사마라이 드론을 날리기로 결심했답니다. 더 나아가, 일본을 방문해서 신칸센을 타고 산으로 가 물총새와 반딧불이를 찾아보려 한대요!

옮긴이 김선영

어린이와 청소년을 위한 책을 기획하고 번역하고 있어요. 그동안 옮긴 책으로 《거꾸로 과학》, 《왼손잡이 달팽이》, 《그림에 제목이 꼭 있어야 돼?》, 《뜨거운 지구》, 《안녕? 나는 새싹이야》, '세계 어린이 시민 학교' 시리즈 외 여러 권이 있답니다.

라임 주니어 스쿨 018
자연은 발명가의 보물 상자

첫판 1쇄 펴낸날 2022년 9월 22일 | **지은이** 크리스틴 노드스트롬 | **그린이** 폴 보스턴 | **옮긴이** 김선영 | **펴낸이** 박창희 | **편집** 김수진 | **디자인** 김선미 김혜은 | **마케팅** 최창호 | **회계** 양여진 | **인쇄** 신우인쇄 | **제본** 에이치아이문화사 | **펴낸곳** (주)라임 | **출판등록** 2013년 8월 8일 제 2013-000091호 | **주소** 경기도 파주시 심학산로 10, 우편번호 10881 | **전화** 031)955-9020,9021 | **팩스** 031)955-9022 | **이메일** lime@limebook.co.kr | **인스타그램** @lime_pub | ⓒ라임, 2022 | ISBN 979-11-92411-08-8 (74500) 979-11-85871-25-7 (세트)

잘못된 책은 구입하신 서점에서 바꾸어 드립니다. 본서의 반품 기한은 2027년 9월 30일까지입니다. KC 마크는 이 제품이 공통안전기준에 적합하였음을 의미합니다. 던지거나 떨어뜨려 다치지 않도록 주의하세요.

Mimic Makers
Text Copyright ⓒ 2021 by Kristen Nordstrom
Illustrations Copyright ⓒ 2021 by Paul Boston
All rights reserved.
Original edition first published by Charlesbridge Publishing, Inc. under the title of Mimic Makers.
Korean Translation Copyright ⓒ 2022 by Lime Co., Ltd.

이 책의 한국어판 저작권은 이카리아스 에이전시를 통해 Charlesbridge Publishing, Inc.와 독점 계약한 ㈜라임에 있습니다.
저작권법에 의하여 한국 내에서 보호를 받는 저작물이므로 무단 전재와 복제를 금합니다.

자연은 발명가의 보물 상자

크리스틴 노드스트롬 글 · 폴 보스턴 그림 · 김선영 옮김

생체 모방 발명가 이야기

라임

물총새는 어떻게
첨벙대지 않고
곧장 다이빙을 할까요?

고래 지느러미의 날은
왜 우둘투둘할까요?

단풍나무 씨앗은 왜 빙글빙글 돌면서 땅에 떨어질까요?

도마뱀붙이가 벽에 찰싹 달라붙는 비법은 뭘까요?

모방의 선수들은 호기심이 무척 많아요. 자연 속의 동물과 식물, 곰팡이를 관찰해서 많은 것을 배우지요. 그들의 모습을 모방하고 본떠서 우리에게 필요한 것들을 발명하거든요.

여러분은 생물의 세계에서 무엇을 배울 수 있나요? 어떤 것을 발명할 수 있을까요? 모방의 선수들에게서 아이디어를 얻어 보아요!

새 부리를 본뜬 고속 열차

피-융! 일본의 신칸센은 고속으로 달리는 열차예요. 앞코가 새의 부리처럼 생겼어요. 날렵한 모양의 앞코 덕에, 조용하고 빠르게 달리면서도 에너지를 많이 쓰지 않아요. 그렇지만 신칸센이 처음부터 시속 300킬로미터가 넘는 속도로 달리는, 날렵한 은색 열차였던 것은 아니에요.

처음에는 신칸센이 터널을 통과해서 밖으로 빠져나올 때마다 수 킬로미터 밖에까지 들릴 정도로 엄청나게 큰 소리가 났어요. 바로 그때, 새를 관찰하기 좋아하는 누군가의 머릿속에 아이디어가 번뜩 떠올랐죠. 그리고 큰 변화가 일어났답니다.

나카츠 에이지는 물총새가 화살처럼 빠르게 물살을 가르며 다이빙하는 모습을 가만히 지켜보았어요. 저렇게 물속으로 거침없이 뛰어드는데도 어떻게 잔물결을 거의 일으키지 않는지 궁금했지요. 그러다 어느 순간, 물총새의 뾰족한 부리가 공기와 물을 매끄럽게 가르는 걸 발견했어요.

에이지는 신칸센을 다시 설계할 때 이 아이디어를 활용했어요. 열차의 앞코를 물총새 부리 모양으로 만들었죠. 새로운 디자인 덕에 천둥 같던 소음이 한결 조용해졌답니다. 열차는 더 빠르게 공기를 갈랐고, 에너지도 덜 쓰게 되었어요.

나뭇잎을 닮은 태양 전지

이 태양 전지에는 엄청난 능력이 있어요. 다른 태양 전지와 마찬가지로 햇빛을 받아서 전기를 만들지만, 지붕 위에 흔히 설치하는 태양광 패널과는 달리 평평하거나 딱딱하지 않아요. 부드럽게 잘 구부러지는 데다 아주 가볍거든요.

그러면서도 같은 크기의 평평한 태양 전지보다 빛을 더 많이 흡수해요. 지구 최고의 햇빛 받기 선수, 즉 나뭇잎을 본떠서 설계했기 때문이에요. 이렇게 사랑스럽고 푸르른 아이디어를 누가 생각해 냈을까요?

린 루가 현미경으로 나뭇잎을 자세히 관찰해 보니, 얕게 접힌 주름과 깊이 파인 자국들로 굴곡이 져 있었어요. 그런데 나뭇잎에 왜 이렇게 주름이 많은 걸까요? 이 얕고 깊은 주름과 자국들은 두 가지 역할을 하고 있어요.

첫 번째는 햇빛을 빨아들이는 것이고, 두 번째는 마치 강이 물을 운반하듯 빛을 옮기는 거예요. 주름진 구조가 나뭇잎이 빛을 잘 빨아들이도록 도와주고 있지요.

식물은 빛을 많이 흡수할수록 광합성을 통해 더 많은 식량을 만들 수 있거든요.

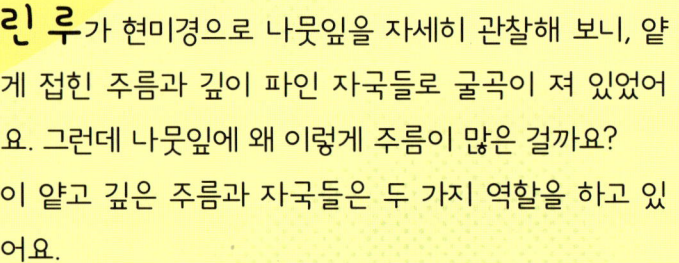

린은 더 발전된 태양 전지를 만드는 데 이 탁월한 디자인을 모방하기로 마음먹었어요. 동료들과 함께 나뭇잎의 겉면처럼 가늘고 깊은 주름이 잡힌 플라스틱 시트를 개발했지요. 이 시트를 잘 구부러지는 태양 전지의 표면에 붙이자, 햇빛의 물결이 주름을 타고 흘렀답니다. 린은 이 새로운 태양 전지가 언젠가는 지구에 사는 모든 이에게 청정에너지로 쓰이기를 바라고 있어요.

상어 비늘같이 코팅을 하면…

'샤크렛'은 어떤 물체의 표면을 깨끗하게 유지시켜 주는 얇은 막이에요. 의료 기기나 휴대폰 케이스, 그 외에 우리가 매일 사용하는 물건의 겉면에 샤크렛 소재를 입히면(코팅) 나쁜 세균이나 바이러스가 자라는 것을 막을 수 있어요. 커다란 배나 비행기, 잠수함에도 샤크렛을 사용한답니다.

샤크렛의 비밀은 엄청나게 작은 돌기들과 갸름쭉하게 솟은 마루들에 숨어 있어요. 이 돌기와 마루가 화학 약품을 쓰지 않아도 나쁜 미생물이나 물에서 자라는 조류를 쫓아 버리거든요. 이 첨단 기술은 공룡 시대부터 우리 지구에서 쭉 살아온 어류에서 아이디어를 얻어 개발했어요.

앤서니 브레넌은 핵잠수함이 수면 위로 모습을 드러내는 장면을 가만히 바라보았어요. 통학 버스 일곱 대를 연결한 것과 맞먹는 길이의 거대한 잠수함은 겉면이 온통 녹색 조류로 뒤덮여 몹시 지저분했지요. 잠수함이 원래 모습을 되찾으려면, 많은 사람이 달라붙어 오랜 시간 동안 솔로 깨끗이 닦는 수밖에 없었답니다.

앤서니는 뭔가 더 좋은 방법이 있을 거라고 생각했어요. 그 순간, 앤서니의 머릿속으로 새 아이디어가 헤엄쳐 왔지요. 상어들! 상어들은 밤낮으로 바닷속을 헤엄쳐 다니잖아요. 그런데 어떻게 항상 깨끗한 걸까요?

앤서니는 고성능 현미경으로 상어의 피부를 꼼꼼히 관찰했어요. 놀랍게도 상어의 피부는 겉으로 보이는 것만큼 매끄럽지 않았답니다. 방패비늘이라고 하는, 세모 모양의 비늘이 피부에 촘촘하게 박혀 있었거든요. 방패비늘은 사포처럼 거친 데다, 갈쭉한 마루들이 솟아 있었어요.

이런 구조 덕분에 피부 사이사이로 물이 흘러나가서 나쁜 세균이 자랄 수 없었던 거예요.

앤서니는 상어 피부에서 아이디어를 얻어 코팅법을 개발했답니다. 그러고는 샤크렛이라고 이름 붙였어요.

건조한 사막에선 딱정벌레처럼?

듀뱅크 물병은 동그란 모자처럼 생겼어요. 스테인리스 스틸 재질의 볼록한 겉면에 세로로 길고 좁은 홈이 파여 있지요. 잠들기 전에 이 물병을 밖에 놓아두면 새벽 공기 속의 서늘한 습기가 겉면에 닿게 되어요.

물방울이 충분히 커지면 물병 겉면에 길게 난 홈을 타고 아래로 또르르 흘러내려요. 그 물이 물병 아래의 관에 모인답니다. 아, 다디단 H_2O! (H_2O는 물의 분자식이에요.)
듀뱅크 물병만 있으면 물이 귀한 곳에서도 얼마든지 물을 마실 수 있겠죠?

아침에 태양이 떠올라 공기가 따뜻해지면, 듀뱅크 물병 겉면의 습기가 물방울이 되어요.

박기태는 열두 살 때, TV에서 아프리카 나미비아 나미브 사막에 사는 딱정벌레에 관한 다큐멘터리를 시청했어요. 화면 속의 딱정벌레가 엉덩이를 하늘 위로 삐죽 세운 채 아침 안개 속에서 물을 모으는 모습을 감탄하며 지켜보았지요.
와우, 딱정벌레가 건조한 사막에서 기가 막힌 방법으로 물을 마시고 있지 뭐예요?

그로부터 이십 년이 지난 어느 날, 나미브 사막의 딱정벌레에 대한 기억이 박기태의 머릿속으로 위잉! 날아들었어요. 딱정벌레 등의 올록볼록한 돌기 사이로 물이 맺혔다가 입으로 스르르 흘러내리던 모습이 떠오른 거죠.

그래서 딱정벌레 모양을 본떠 물을 모으는 기구를 개발하기로 마음먹었어요. 완벽한 디자인을 따로 생각해 낼 필요가 없었죠. 자연이 이미 생각해 두었으니까요.

벼를 키우는 착한 곰팡이

이 벼는 지금 불가능해 보이는 일을 하고 있어요. 무덥고, 메마르고, 소금기가 있는 땅에서 무럭무럭 자라고 있거든요. 어떻게 그럴 수 있을까요?

현미경으로 자세히 들여다보면, 벼 안에 곰팡이가 살고 있어요. 이 곰팡이들이 벼들을 강하게 자라게 하지요. 그렇지만 곰팡이가 처음부터 거기에 있던 것은 아니에요.

이 이야기는 한 식물을 두고 과학자 간에 의견 차이가 생긴 데서부터 시작해요. 외겨이삭(패닉글래스)은 미국 옐로스톤 국립 공원의 뜨거운 온천 근처에서 자라는 식물이에요. 식물학자들은 외겨이삭이 뜨거운 열기 속에서 살아남기 위해 스스로 진화한 거라고들 얘기했지요.

그런데 두 미생물학자는 여기에 동의하지 않았답니다. 바로 러스티 로드리게즈와 리자이나 레드맨이었는데요. 참, 미생물학자는 너무너무 작아서 맨눈으로는 보이지 않는 생물들을 연구하는 사람들이에요. 이 두 사람은 외겨이삭에 뭔가 다른 비밀이 숨어 있다고 느꼈거든요.

러스티와 **리자이나**는 옐로스톤 국립 공원이 있는 와이오밍주의 야생 환경을 수년간 연구한 끝에, 외겨이삭이 살아남은 이유를 밝혀냈어요. 외겨이삭 안에 곰팡이가 살고 있었던 거예요. 이 둘은 공생 관계로 서로 좋은 친구였던 거죠. 혼자서는 그 열기를 감당할 수 없지만, 두 '절친'이 함께하면서 이겨 냈던 거랍니다.

러스티와 리자이나는 여기서 아이디어를 얻어 '바이오인슈어'를 고안했어요. 바이오인슈어는 대여섯 가지의 곰팡이를 섞은 혼합물이에요. 이들 곰팡이를 이식하면, 해로운 농약 없이도 곡물들이 잘 자란답니다. 수확량도 높아지고요. 착한 곰팡이의 도움을 받아서요.

고래 지느러미에서 회전 날개로!

풍력 발전 터빈의 우둘투둘한 회전 날개는 청정에너지를 만드는 일등 공신이에요. 바람이 불어 날개가 회전하면 터빈이 돌아가게 되는데요.
이 과정에서 바람 에너지가 전기 에너지로 바뀌어요. 이때 생겨난 에너지는 전등을 켜거나, 냉장고를 쓰거나, 컴퓨터를 사용하는 데 쓰이지요.

자세히 들여다보면, 회전 날개의 날이 톱니처럼 우둘투둘해요. 놀랍게도 매끄러운 날개보다 더 조용하고 더 효율적이랍니다. 심지어 에너지를 더 많이 생산한다는 연구 결과도 있어요.

프랭크 피쉬는 전시회에서 혹등고래 조각품을 보고 있었어요. 그런데 뭔가 이상하다는 생각이 들어서, 고래의 지느러미 날을 손끝으로 만져 보았지요. 그러고는 미술관 관장에게 고래 지느러미 앞쪽을 왜 이렇게 우둘투둘하게 만들었느냐고 물어보았답니다.

미술관 관장은 프랭크에게 혹등고래의 사진을 보여 주었어요. 그 순간, 프랭크는 깜짝 놀랐답니다. 지느러미 앞쪽 날이 실제로도 구불구불한 데다 작은 혹들이 올록볼록 솟아 있었던 거예요. 도대체 왜 그런 걸까요?

마침내 프랭크는 혹등고래의 구불구불한 지느러미가 그 사이로 지나는 물의 흐름을 고르게 한다는 사실을 밝혀냈어요. 그래서 그 거대한 고래가 날렵한 참치처럼 바다에서 자유롭게 헤엄칠 수 있었던 거예요. 프랭크는 그 아이디어를 풍력 발전 터빈의 날개를 설계하는 데 활용했답니다. 여러 번의 시도 끝에 크고 아름다운 날개를 만드는 데 성공했지요. 그 회전 날개는 고래의 지느러미가 물살을 가르는 것과 똑같은 방식으로 바람을 슝슝 갈랐어요.

단풍나무 씨앗에서 드론이?

물러서세요! 사마라이 드론이 하강하고 있어요! 날개가 하나 달린 이 작은 드론은 단풍나무 씨앗을 본떠서 만들었어요. 물론 몇 가지 특별한 장치를 추가해서요. 몸체 끝에는 반동 추진 엔진을 달았고, 날개 뒤편에는 플랩(뜨는 힘을 높이기 위해 날개에 다는 장치)을 달았거든요. 그 덕에 사마라이 드론은 한자리에 오래오래 떠 있을 수 있답니다. 이 환상적인 드론을 누가 만들었을까요?

킹즐리 프레겐은 아프리카 대륙의 나이저강 유역에서 자랐어요. 어린 시절에는 하늘을 난다는 것에 푹 빠져 있었답니다. 종이로 비행기를 만드는 걸 좋아했고, 태양새가 하늘을 쏜살같이 가르는 모습을 보면서 감탄했지요.

몇 년 뒤, 엔지니어가 된 뒤에는 벌새가 나는 원리와 단풍나무 씨앗이 바람을 타고 날아가는 원리를 연구했어요. (단풍나무 씨앗을 '사마라'라고 해요.)
단풍나무 씨앗은 나무에서 떨어질 때 공중에서 빙글빙글 도는데요. 날개를 계속 회전하면서 최대한 오래 공중에 머물다가 멀리멀리 날아가 싹을 틔우기 좋은 곳에 떨어진다나요.

킹즐리는 이 천재적인 디자인을 모방하기로 마음먹었어요. 동료들과 함께 날개 하나짜리 드론을 만든 뒤 '사마라이'라고 이름 붙였지요.

지금 킹즐리와 동료들은 곤충이나 새, 물고기가 무리를 지어 이동하는 방식을 연구하고 있어요. 여러 비행체를 무리로 엮어 날아가게 하면, 각각의 비행체가 사용하는 에너지 양을 줄일 수 있거든요.

도마뱀붙이처럼 착 달라붙는 접착 패드

'게코스킨' 기술만 있으면 무엇이든 단단히 고정할 수 있어요. 접착력이 워낙 강력해서 여러분 손바닥만 한 너비의 조각만 있으면, 오토바이도 벽에 착 붙일 수 있거든요.

게크스킨의 소재는 두 가지예요. 일단 부드러운 나일론이 접착테이프처럼 표면에 찰싹 달라붙게 하고, 탄탄하게 짜인 섬유가 연결 부위를 단단하게 고정해 주지요. 이 끈적한 접착 패드는 아래로 잡아당기면 꼼짝도 하지 않아요. 그렇지만 위로 조금 들어 올렸다가 떼어 내면? (도마뱀붙이가 발바닥을 떼는 방식이에요.) 빙고! 곧바로 떨어져요.

덩컨 어시크와 **앨프리드 크로즈비**는 토케이게코종 도마뱀붙이가 자유자재로 벽을 걸어 올라가 천장을 오가는 모습을 보았어요. 두 사람은 도마뱀붙이가 벽에 달라붙는 비결이 궁금했답니다. 고성능 현미경으로 관찰했더니, 도마뱀붙이의 발가락은 짧고 거칠며 가느다란 털로 덮여 있었어요. 이 털을 '강모'라고 해요.

덩컨과 앨프리드는 이 강모들이 도마뱀붙이의 발에 있는 힘줄과 어떻게 작용하는지 연구했어요. 아, 힘줄이 뭐냐고요? 몸속의 조직으로, 엄청나게 강력한 고무줄과 비슷해요. 도마뱀붙이의 힘줄은 아주 유연해서 발바닥을 표면의 모양에 맞추어 변형을 하지요. 동시에 매우 탄탄하기도 해서 발을 제자리에 착 달라붙어 있게 한답니다.

덩컨과 앨프리드는 도마뱀붙이의 발바닥이 표면에 붙었다가 떨어지는 방식에서 아이디어를 얻었어요. 먼저 시제품을 만들어 '게크스킨'이라는 이름을 붙였지요. 그 후 게크스킨을 활용해서 다양한 제품을 만들었답니다.

이 제품들은 어디든 단단히 붙여 두었다가 필요할 때 쉽사리 떼어 낼 수 있어요. 조명등이나 사진을 걸어 둘 수 있고, 무거운 연장도 매달 수 있지요. 이렇게 계속 발전한다면, 언젠가 게크스킨을 이용해서 천장을 걸어 다닐 수 있을지도 몰라요.

어디에 사는지는
조금도 중요하지
않아요.

도시에 살아도
농촌에 살아도

바닷가에 살아도
다 좋아요.

무궁무진한 자연의 비밀이 여러분을 기다리고 있어요.

살아 있는 자연을 탐구하고, 거기에서 새로운 것을 배우세요.
모방의 선수가 되어 새로운 것을 개발해 봐요!

모방의 선수들을 소개합니다!

나카츠 에이지
일본에 있는 '니시 닛폰 철도 회사'에서 기술 개발 책임자로 근무했어요. 물총새의 부리 모양에서 아이디어를 얻어 고속 열차 신칸센의 소음 문제를 해결했답니다. 더 빠르게 달리는 데다 에너지도 덜 쓴다고 하지요?

리자이나 레드맨
미국의 '어댑티브 심바이오틱 테크놀로지'의 연구 개발 이사이자 '심바이오제닉스'의 회장이에요. 20년 넘게 식물과 곰팡이의 상호 작용에 관해 연구하고 있어요. 농약 없이 벼농사를 지을 수 있도록 바이오인슈어를 고안했지요.

덩컨 J. 어시크
미국 매사추세츠 대학교 애머스트 캠퍼스 생물학과 교수예요. 앨프리드 J. 크로즈비와 함께 게크스킨을 발명했어요. 동물의 진화와 생태에 매우 관심이 많은 통합 생물학자랍니다.

린 우
미국 프린스턴 대학교 공학부 테오도라 D. & 윌리엄 H. 월튼 3세 교수이자 프린스턴 대학교 앤드링거 에너지 환경 센터의 책임자예요. 나뭇잎의 주름 구조를 보고 더 발전된 태양 전지를 개발했어요.

러스티 로드리게즈
미국에 있는 '심바이오제닉스'의 창업자이자 CEO예요. '어댑티브 심바이오틱 테크놀로지'의 CEO이기도 해요. 공생 과학을 대중에게 알리고 지속 가능한 미래를 개발하는 데 힘쓰고 있어요.

박기태
한국에 있는 디자인 소품 브랜드 'mmm 디자인 스튜디오' 대표이자 온라인 디자인 잡지 《얀코 디자인》의 산업 그래픽 디자이너예요. 건조한 지역에 사는 사람들이 깨끗한 물을 마실 수 있도록 듀뱅크 물병을 만들었어요.

앤서니 브레넌 (토니 브레넌)
미국 플로리다 대학교 신소재공학부 교수이자 샤크렛 테크놀로지의 설립자예요. 상어 비늘에서 아이디어를 얻어 '샤크렛'을 개발했어요. 우리가 사용하는 물건 중에 샤크렛을 입힌 것이 무지 많아요.

앨프리드 J. 크로즈비
미국 매사추세츠 대학교 애머스트 캠퍼스 고분자공학과 교수예요. 덩컨 어시크와 게크스킨을 공동으로 발명했어요. 사람과 자연 환경에 도움이 되는 제품을 만들고 싶어 해요.

킹즐리 프레겐
미국 '록히드마틴'에서 로봇 공학 및 인공 지능 무인 시스템 등의 기술을 연구해요. 단풍나무 씨앗이 떨어지는 걸 보고 공중에 오래 떠 있는 드론을 만들었어요. 지금은 드론이 사용하는 에너지 양을 줄이기 위해 애쓰고 있지요.

프랭크 피쉬
미국 웨스트체스터 대학교 생물학과 교수예요. 혹등고래 지느러미의 우둘투둘한 표면을 본따서 풍력 발전 터빈의 회전 날개를 고안했어요. 그 덕분에 청정에너지를 더 많이 생산하게 되었지요.

모방의 선수들은 다양한 분야에서 일하고 있어요

- **건축가** : 건물을 설계하고 공사 과정을 감독해요.
- **기계공학자** : 기계와 관련 장치 설비를 연구하고 만들어요.
- **동물학자** : 동물을 연구하는 과학자예요.
- **미생물학자** : 세균이나 조류 등 아주 작은 생물을 연구해요.
- **생물학자** : 살아 있는 생물을 연구하는 과학자랍니다. 동물과 식물, 미생물 등을 연구하지요.
- **설계공학자** : 사람들이 사용할 제품이나 시스템을 구체화하고 개발해요.
- **식물학자** : 식물을 연구하는 과학자예요.
- **재료공학자** : 금속이나 세라믹 등 공업 재료의 성질을 연구하고 그 자료를 바탕으로 제품을 개발해요.
- **전기공학자** : 다양한 전기 설비와 기기를 고안하고 만들어요.
- **화학공학자** : 화학 물질이나 원료, 에너지 등을 안전하게 사용하는 방법을 고안해요.

모방의 선수가 되는 방법

생체 모방이란?

모방의 선수들은 생체 모방(Biomimetics)이라는 과학 분야의 발명가들이에요. '바이오(bio)'는 생명을, '미메틱(mimetic)'은 모방을 뜻해요. 이 두 단어를 합치면 '생체 모방'이 되는데요. 생체 모방이란, 자연의 생명체를 모방하여 우리 앞에 놓인 문제를 해결하려는 과정이에요.

생체 모방이라는 단어는 과학 전문 작가인 재닌 베니어스가 맨 처음 만들었어요. 재닌은 성인 독자를 대상으로 해서 자연이 인류의 선생님이 될 수 있다는 사실을 일깨우는 책을 썼지요.

생물의 세계에서는 온전히 태양빛을 이용해서 살아가요. 그래서 해로운 화학 물질을 배출하지 않아요. 쓰레기도 만들지 않지요. 따라서 우리가 지구의 온난화를 막고 대기와 수질 오염을 막기 위해서는 지금 당장 바깥으로 나가서 관찰하고 질문을 던지며 자연에서 해결책을 배워야 해요.

그래요, 여러분이 무슨 생각을 하는지 잘 알고 있어요. 안 그래도 모방의 선수가 되려면 어떻게 해야 하는지 알려 줄 참이었거든요.

그 전에 먼저 질문을 해 볼게요. 여러분은 자연에서 뭔가를 배울 수 있다고 생각하나요? 자연이 우리가 사는 세상의 문제를 해결하는 데 진짜로 도움이 된다고 믿나요? 이 두 가지 질문에 모두 그렇다고 대답한다면, 여러분은 지금 생물의 세계를 완전히 새로운 눈으로 바라보고 있는 거랍니다. 이것이 바로 모방의 선수가 되는 첫걸음이에요.

요리조리, 관찰해 보요

'모방의 선수 일지'를 만들어요. 일지를 가지고 밖으로 나가서 보이는 것들을 스케치해요. 머리 위에서 맴도는 매, 산들바람에 눕는 풀잎, 나뭇가지에서 흔들리는 이파리를 그려 보는 거예요. 그러다가 궁금한 점이 생기면 일지에 적어 봐요.

뚝딱뚝딱, 만들어 봐요

아까 관찰하고 그린 스케치를 토대로 간단한 입체 모형을 만들어요. 찰흙을 빚어 나무껍질을 만들 수도 있고, 기름종이를 오리고 접어 무당벌레 날개를 만들 수도 있어요. 그리고 머릿속에 떠오르는 질문을 일지에 하나하나 적어요. 질문의 답은 직접 찾아 나서도 좋고, 전문가에게 물어보아도 좋아요.

짜자잔, 발명해 봐요

모형을 통해 흥미로운 사실을 발견했다면, (여러분은 분명히 발견할 거예요.) 찾아낸 사실을 토대로 사람들에게 필요할 물건을 직접 발명해 봐요. 발명품의 설계도를 관찰 일지에 그려도 좋고, 디자인 프로그램을 활용해서 그려도 좋아요. 그런 다음 제품을 만들어 시험해 봐요. 설계를 수정하면서 발명품을 조금씩 고쳐 나가요.

꼬물꼬물, 설계해 봐요

발명품을 거꾸로 설계해 보면 어떨까요? 그동안 궁금해하던 동물이나 식물을 탐구하는 것에서부터 시작하도록 해요. 남방큰돌고래나 벌레잡이풀이 알고 싶은가요? 여러분의 창의력에 날개를 달아 줄 만한 사실이 있는지 눈을 크게 뜨고 찾아보아요.

사진이나 다큐멘터리를 통해, 아니면 직접 찾아 나서서 신기한 동물이나 식물의 독특한 구조를 관찰해 보세요. 동식물의 독특한 구조에는 어떤 기능이 있나요? 새롭게 얻은 정보로 어떤 발명품을 만들 수 있을까요?

머릿속에 떠오르는 발명 아이디어를 일지에 그려 보아요. 필요한 재료를 적고, 그 재료가 왜 필요한지 기록해요. 아래의 홈페이지에서 새로운 아이디어를 얻을 수 있을지도 몰라요.

작가 홈페이지 : www.kristennordstrom.com

문제를 만나면 해결하면 돼요

자연을 본뜨는 모방의 선수들은 더 나은 세상을 만드는 사람들이에요. 여러분이 걱정하고 있는 문제가 있다면 해결할 방법을 찾아보아요. 고민하는 문제가 너무 엄청나 보이거나 반대로 아주 사소해 보여도 걱정하지 말아요. 중요한 건 우리가 다른 사람들을 돕고 싶어 한다는 것이고, 이 지구는 우리 모두가 함께 쓰는 곳이라는 거예요. 자, 오늘부터 발명을 시작해 볼까요?

작가의 말

이 책에 나오는 모든 인물과 전화 또는 이메일로 인터뷰를 했어요. 사람들을 돕고 세상을 바꾸는 발명가들과 이야기를 나누는 일은 아주 큰 영광이었습니다. 무척 흥미롭고 재미있기도 했지요.

모방의 선수들은 모두가 자신이 발견한 놀라운 사실을 기꺼이 남들과 나누고자 했고, 자신이 떠올린 아이디어를 꼼꼼히 설명해 주었으며, 제게 따뜻한 말과 격려를 아끼지 않았습니다.

인터뷰가 끝날 때마다 모두에게 질문을 던졌습니다. 우리 어린이들에게 꼭 해 주고 싶은 조언이 있는지……. 모두가 한목소리로 해 준 조언은 무엇일까요?

바로 질문하는 것을 주저하지 말고, 실패하는 것을 두려워하지 말며, 그 무엇도 포기하지 말라는 것이었습니다. 어른에게나 아이에게나 최고의 조언이죠! 그러니까 여러분, 우리 지구를 깨끗하게 지키는 일이 너무 힘들다고 의기소침해하지 말아요. 이 현명한 조언을 마음에 새기고 우리의 길잡이가 되어 줄 자연을 눈을 크게 뜨고 살펴보는 한, 우리 앞에 불가능이란 없답니다.